EL ZORRILLO

POR VALERIE BODDEN

CREATIVE EDUCATION • CREATIVE PAPER

Publicado por Creative Education
y Creative Paperbacks
P.O. Box 227, Mankato, Minnesota 56002
Creative Education y Creative Paperbacks son marcas
editoriales de The Creative Company
www.thecreativecompany.us

Diseño de The Design Lab
Producción de Rachel Klimpel
Dirección de arte de Rita Marshall
Traducción de TRAVOD, www.travod.com

Fotografías de Alamy (Arco Images GmbH/Alamy, Cat'chy
Images, Ron Niebrugge, Rolf Nussbaumer Photography, Slim
Plantagenate, WILDLIFE GmbH, Tammy Wolfe, Robert Yone),
Dreamstime (Isselee, Holly Kuchera), Getty (altrendo nature,
STEVE MASLOWSKI), Shutterstock (Cynthia Kidwell)

Library of Congress Cataloging-in-Publication Data
Names: Bodden, Valerie, author.
Title: El zorrillo / Valerie Bodden.
Other titles: Skunks. Spanish
Description: Mankato, Minnesota : Creative Education and
Creative Paperbacks, [2023] | Series: Planeta Animal |
Includes bibliographical references and index. | Audience:
Ages 6-9 | Audience: Grades 2-3 | Summary: "Elementary-
aged readers will discover that skunks come out at night to
hunt. Full color images and clear explanations highlight the
habitat, diet, and lifestyle of these fascinating animals."--
Provided by publisher. Identifiers: LCCN 2022015805 (print)
| LCCN 2022015806 (ebook) | ISBN 9781640266971
(library binding) | ISBN 9781682772539 (paperback) | ISBN
9781640008380 (ebook) Subjects: LCSH: Skunks--Juvenile
literature. Classification: LCC QL737.C248 B63518 2023
(print) | LCC QL737.C248 (ebook) | DDC 599.76/8--dc23/
eng/20220411
LC record available at https://lccn.loc.gov/2022015805
LC ebook record available at https://lccn.loc.
gov/2022015806

Tabla de contenido

El zorrillo usa sus sentidos del olfato y el oído para explorar.

El zorrillo es un **mamífero**. Rocía un líquido apestoso llamado almizcle. Hay 12 tipos de zorrillos en el mundo.

mamífero animal que tiene pelo o pelaje y alimenta a sus crías con leche

Los zorrillos más comunes tienen cuerpo negro con rayas blancas, pero algunos tienen manchas blancas en lugar de rayas. El zorrillo tiene cola esponjosa, patas cortas y pies grandes. Sus garras afiladas lo ayudan a escarbar.

Algunos zorrillos tienen un pelaje que luce marrón o gris.

Muchos zorrillos son más o menos del tamaño de un gato doméstico, pero algunos son más pequeños. Los zorrillos más pequeños pesan solo unas dos libras (0,9 kg).

El zorrillo manchado del este pesa entre 0,5 y 2 libras (0,2–0,9 kg).

El zorrillo listado vive en Estados Unidos, Canadá y México.

Los zorrillos se encuentran principalmente en los **continentes** de Norteamérica y Sudamérica. Pueden vivir en bosques, pastizales y **montañas**. ¡Algunos zorrillos incluso viven en las ciudades!

continentes   las siete grandes extensiones de tierra del planeta

montañas   cerros muy grandes hechos de roca

Algunos zorrillos saquean los nidos de los pavos para robarse los huevos grandes.

Los zorrillos comen casi cualquier cosa. Su comida favorita son las **larvas** y los insectos. Pero también comen gusanos, ratones y huevos de aves. Además, comen bayas, nueces y maíz. ¡Hasta comen basura!

larvas gusanos blancos, cortos y gruesos que al crecer se vuelven insectos

*Los pequeños se quedan
cerca de su madre para
estar a salvo.*

La madre da a luz de cuatro a seis **crías**. Al principio, las crías no tienen pelaje. No pueden ver ni oír. A las siete semanas de nacidas, su madre les enseña a buscar comida. Las crías dejan a su madre cuando tienen unos cinco meses de edad. La mayoría de los zorrillos viven entre tres y cuatro años en la naturaleza.

crías zorrillos bebés

El zorrillo pasa la mayor parte del día durmiendo en su madriguera o casa. Muchos zorrillos hacen sus madrigueras en troncos huecos. En la noche, salen a cazar. Comúnmente, los zorrillos viven y cazan solos.

Muchos zorrillos cazan toda la noche y regresan a sus madrigueras al amanecer.

El zorrillo manchado se para sobre sus patas delanteras como advertencia antes de rociar.

A veces, algún **depredador**, como el jaguar, se acerca a un zorrillo. El zorrillo bufa y da pisotones. Si eso no asusta al jaguar, el zorrillo lo rocía con almizcle. El olor advierte a los depredadores que se alejen. El almizcle lastima la piel y los ojos del depredador.

depredador animal que mata y se come a otros animales

El zorrillo ayuda a los humanos al comer insectos y otras pequeñas plagas.

Mucha gente ve (o huele) a los zorrillos en la naturaleza. Algunas personas incluso los tienen como mascotas. Por lo general, a los zorrillos domésticos les quitan sus **glándulas odoríferas**. Siempre y cuando no te rocíen, ¡es divertido observar a estos apestosos animales!

glándulas odoríferas la parte del cuerpo del zorrillo que produce almizcle

Un cuento del zorrillo

Los indígenas norteamericanos contaban una historia sobre por qué los zorrillos huelen feo. Contaban que, hace mucho, el zorrillo era tan grande como un elefante. Pero el zorro tenía envidia del abrigo blanco y negro del zorrillo. El zorro le pidió al **curandero** que le diera el abrigo del zorrillo. Sin su abrigo, el zorrillo era más pequeño que los demás animales. Pero otro curandero dio al zorrillo una forma de protegerse: su olor.

curandero persona que se cree tiene poderes especiales de sanación

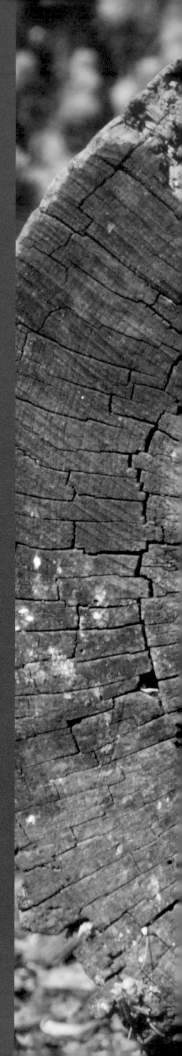

Índice